Zhongguo Wenhua
Zhishi Duben

中国文化知识读本

主编 金开诚

编著 高岩

玉泉寺

吉林出版集团有限责任公司

吉林文史出版社

图书在版编目（CIP）数据

玉泉寺 / 高岩编著 .—长春：吉林出版集团有限
责任公司，2010.1（2022.1重印）
（中国文化知识读本）
ISBN 978-7-5463-2702-0

Ⅰ.①玉… Ⅱ.①高… Ⅲ.①佛教－寺庙－简介－中
国 Ⅳ.① K928.75

中国版本图书馆 CIP 数据核字（2010）第 050341 号

玉泉寺

YU QUAN SI

主编／ 金开诚　编著／高岩

责任编辑／曹恒　崔博华 责任校对／王新

装帧设计／曹恒　摄影／金诚　图片整理／董昕瑜

出版发行／吉林文史出版社　吉林出版集团有限责任公司

地址／长春市人民大街4646号　邮编／130021

电话／0431-85618717　传真／0431-85618721

印刷/三河市金兆印刷装订有限公司

版次／2010 年 1 月第 1 版　2022 年 1 月第 3 次印刷

开本／650mm×960mm　1/16

印张／8　字数／30千

书号／ ISBN 978-7-5463-2702-0

定价／34.80元

关于《中国文化知识读本》

文化是一种社会现象，是人类物质文明和精神文明有机融合的产物；同时又是一种历史现象，是社会的历史沉积。当今世界，随着经济全球化进程的加快，人们也越来越重视本民族的文化。我们只有加强对本民族文化的继承和创新，才能更好地弘扬民族精神，增强民族凝聚力。历史经验告诉我们，任何一个民族要想屹立于世界民族之林，必须具有自尊、自信、自强的民族意识。文化是维系一个民族生存和发展的强大动力。一个民族的存在依赖文化，文化的解体就是一个民族的消亡。

随着我国综合国力的日益强大，广大民众对重塑民族自尊心和自豪感的愿望日益迫切。作为民族大家庭中的一员，将源远流长、博大精深的中国文化继承并传播给广大群众，特别是青年一代，是我们出版人义不容辞的责任。

《中国文化知识读本》是由吉林出版集团有限责任公司和吉林文史出版社组织国内知名专家学者编写的一套旨在传播中华五千年优秀传统文化，提高全民文化修养的大型知识读本。该书在深入挖掘和整理中华优秀传统文化成果的同时，结合社会发展，注入了时代精神。书中优美生动的文字、简明通俗的语言、图文并茂的形式，把中国文化中的物态文化、制度文化、行为文化、精神文化等知识要点全面展示给读者。点点滴滴的文化知识仿佛繁星，组成了灿烂辉煌的中国文化的天穹。

希望本书能为弘扬中华五千年优秀传统文化、增强各民族团结、构建社会主义和谐社会尽一份绵薄之力，也坚信我们的中华民族一定能够早日实现伟大复兴！

目录

一　当阳玉泉寺

（一）地理环境

若至玉泉寺，先至玉泉山。玉泉山位于湖北当阳县西南 15 公里，以此山下有珍珠泉而得名。玉泉山气势磅礴，巍然壮观，宛如一艘巨船覆地，故又称覆船山。玉泉山以森林景观为基础、宗教文物为特色、三国遗迹为依托，融其他自然景观和人文景观于一体，是吟游采风、避暑休闲的绝佳去处。

玉泉山冬无严寒，夏无酷暑，年平均气温 15.4℃，气候适宜，环境幽雅。境内有许多全国乃至世界独有或罕见的宗教建筑、文物古迹和历史遗迹，以及珍稀动、植物种，有大量历代名人留下的优美的诗

玉泉寺雪景

玉泉寺

002

当阳玉泉山

文墨宝和许多世代相传的动人的神话传说，为文人墨客神往之处。

玉泉山山峦连绵，气势雄浑，林木毓秀，四季常青。古、大、珍、稀、特种树木颇多。有1200多年树龄，老少并株的唐代银杏；有花开千瓣且双蕊并存的千瓣莲（又称"并蒂莲"）；有"亭亭院中桂，每日独芬芳，密叶子层绿，花开万点黄"的月月桂；有似蛟龙盘旋昂首，似宝塔巍然屹立的百年九柳（枫杨）；有国家三级保护树种，号称湖北之最的二株紫茎（又名马凌光）；有树龄达70年的荷花玉兰；200余年的皂荚树、60厘米粗的冬青、24米高的黄连木，最大的一株卫茅已从灌木长成了乔木，还有古石榴、飞蛾槭、古圆柏、夜眠松等等。380多种花草树木，春天枝叶茂盛，花开遍野；夏天绿树成荫，凉爽宜人；秋时红黄交艳，层林尽染；冬季银装素裹，流溪雪香。同时，景区内还生长着众多的珍禽异兽。游人攀缘山径，远可听百鸟争鸣，林蝉高歌；近可见群兽嬉戏，林间觅食。

谈至此，不得不提明朝万历三十年，当时文坛上独树一帜的著名公安派"三袁"之一的袁宏道（中郎），当年，他与好友黄平倩同游玉泉时，写下的概揽玉泉山、玉泉寺胜景和传说的脍炙人口的名诗《玉泉寺》。诗云：

当阳玉泉寺冬景

玉泉寺

蓝堆翠铺几千年，银浦何人也覆船。

龙伯徒来方辟地，蚕丝缘此遂登天。

红霞抹额将军拜，白石横烟幼妇眠。

闲与故人池上曲，摘将仙掌试清泉。

如前所述，玉泉山苍松古柏，处处杜鹃、石榴。堆蓝铺翠，四季荫浓。山中谷幽涧深，洞奇石怪；山下曲溪百折，泉珠喷涌。因山势而得"覆船山"名，周围清溪萦绕，所谓"银浦覆船"，说得十分美妙生动；又因山色"蓝堆翠铺"，又名"堆蓝山"；再有"清泉"可试"仙掌"，因泉状名，又称"玉泉山"，此山聚秀色佳趣于一体，因而素有"三楚名山"之称。

当阳玉泉山苍松古柏、静谧深幽

（二）发展历史

关于玉泉寺的历史，可以追溯到汉献帝建安年间(196—220)。据《三国演义》描述，关羽离开曹营后，带着刘备的两位夫人过汜水关时，汜水关守将卞喜设计欲在镇国寺宴请关羽之时，击盏为号，杀害关羽。幸得寺中僧人普净告以密谋，关羽闻讯戒备，杀死卞喜，得以脱难。关公走后，普净自忖难容于此处，便收拾衣钵，出游至玉泉山，接茅为庵，坐禅修道。后来，刘备为了感激普净救弟之情，为他修了一座庙宇，取名普净寺，即为玉泉寺的创建之始。当时为了纪念关羽，还在珍珠泉畔建了"显烈祠"。当然，这一说法毕竟是小说家之言，不足为信，在此说来，无非是一显玉泉寺渊源之深厚。其实据《玉泉志》记载，江西氾水关镇国寺长老普净禅师游历天下名山，见玉泉山山清水秀，便于山中的梅花井湾结茅为庵，此为玉泉山佛寺之始。

公元528年，梁武帝敕于覆船山造寺五座，建堂三所，至今寺南六里的庙坪村，仍留有覆船山寺的遗址。南朝天嘉三年(562)，陈文帝敕修山中显烈祠，俗称小关庙。至隋朝，有一位大德高僧，名叫智

玉泉寺坐落在湖北当阳玉泉山下

玉泉寺

者大师，俗家名陈道光，被尊为佛家天台宗实际创始人。592年12月，智者大师由浙江天台经庐山回故乡荆州省亲，在覆船山北五里的金子山下创寺，隋文帝赐"一音"寺额，后移至覆船山东麓建寺，文帝改赐"玉泉"寺额。智者大师亲自组织了玉泉寺的修建，并广开讲筵，一时学子云集，使玉泉寺享誉全国，而与浙江天台山国清寺、南京栖霞寺、山东长清灵岩寺并列为"天下丛林四绝"。智者大师在此阐发了他晚年比较成熟的佛学思想，并由弟子章安（灌顶）尊者整理成《法华玄义》、《摩诃止观》，与《法华文句》并称"天台三大部"。玉泉寺也因此成为中国佛教天台宗的一大祖庭。

当阳玉泉山享誉全国

　　唐高宗仪凤年间（676—679），禅宗五祖弘忍的大弟子神秀禅师从黄梅五祖寺来到当阳，在玉泉寺东七里建兰若，大开禅法，信众云集，二十余年间信徒数万，形成了与"南宗"六祖慧能相对应的"北宗"。久视元年（700），武则天遣天冠郎中张昌期前往玉泉山，恭迎神秀赴京，供养于内道场。唐中宗神龙二年（706），神秀圆寂于洛阳天宫寺，十月归葬玉泉山。

　　北宋景德年间（1004—1007），宋真宗赵恒的德妃刘氏，出资扩建玉泉寺，改额"景德禅林"。北宋天禧（1017—1021）末年再度扩建，

玉泉寺是"天下四绝"之一

使玉泉寺"为楼者九，为殿者十八，僧舍三千七百，星环云绕，为荆楚丛林之冠"。自南宋绍兴年间始，玉泉寺屡遭兵燹。据统计，南宋至清末，历代对玉泉寺共进行了十三次重修或补修。

（三）寺庙景观

玉泉寺山门是一座风格独特、气派浑厚的三圆门。山门中跨书有"三楚名山"四个大字，为已故佛教协会会长赵朴初所题。

玉泉寺原为十方古刹，十方即指东、西、南、北、东南、西南、东北、西北、上、下十个方位。但自明末开始，演变为

玉泉寺山门上书有"三楚名山"四个大字

"八堂十三家"。八堂分别指东禅堂、西禅堂、般若堂、观音堂、退居堂、藏经楼、圆通阁、小关庙，另加毗卢殿、大士阁、送子庵、大关庙、大云寺五家，合称十三家。其中以毗卢殿为十方丛林，设方丈一人，宗教活动统以毗卢殿为令，届时该殿钟鼓齐鸣，各自做早晚功课，经济上各家独立。玉泉寺现存弥勒殿、大雄宝殿、毗卢殿、韦驮殿、伽蓝殿、千光堂、大悲阁、十方堂、藏经阁、文殊楼、传灯楼、讲经台、般舟堂、圆通阁等建筑。

进山门，过清溪桥，穿天王殿，便

当阳玉泉寺大雄宝殿

是玉泉寺的主体建筑大雄宝殿。大雄宝殿是玉泉寺的主体建筑，始建于隋初，鼎盛于唐宋，由于屡遭战乱，毁坏甚重。元初大修，元末又毁于战火，明成化年间修复，崇祯年间增建四周围廊，达到面阔九间，进深七间，占地1253平方米。整个建筑以72根楠木大立柱支撑，立柱周围达2.2米，为重檐歇山式。这种殿顶构成的殿宇平面呈矩形，面宽大于进深，前后两坡相交处是正脊，左右两坡有四条垂脊，分别交于正脊的一端。重檐庑殿顶，是在庑殿顶之下，又有短檐，四角各有一条短垂脊，共九脊。歇山顶亦叫九脊殿。除正脊、垂脊外，还

当阳玉泉山上的土地庙

银装素裹

当阳玉泉寺

当阳玉泉寺大雄宝殿近景

有四条戗脊。正脊的前后两坡是整坡，左右两坡是半坡。重檐歇山顶的第二檐与庑殿顶的第二檐基本相同。整座建筑造型富丽堂皇，在等级上仅次于重檐庑殿顶。目前的古建筑中如天安门、太和门、保和殿、乾清宫等均为此种形式。古建筑中，歇山顶建筑是其中最基本，最常见的一种建筑形式。

大殿梁架斗拱用材硕大，天花藻井色彩斑斓。大殿规模宏大，结构严谨，外型雄伟壮观，整个建筑没有一颗铁钉，是湖北省现存的最大最古老的木结构建筑。殿侧有观音像，传为唐朝吴道子之笔。吴道子乃是中国古代第一大画家，其人被尊称

为画圣,苏东坡在《书吴道子画后》一文中说:
"诗至于杜子美（杜甫）,文至于韩退之（韩愈）,书至于颜鲁公（颜真卿）,画至于吴道子,而古今之变,天下之能事尽矣！"吴道子之画,由此可见一斑。寺中观音画,虽然无法认定其确为吴道子所做,但可见此画也并非凡品。

殿前置有隋朝大业年间所铸铁镬,除口沿稍有缺损外,基本保存完好,原为玉泉寺"镇山八宝"之一。镬通高 87.5 厘米、口径 157 厘米、腹深 60 厘米、最大腹围 413 厘米。底部由四个裸体力士顶托,腹上有凸出弦纹三道,在上部两道弦纹之间,阳刻铭文四十四字:"隋大业十一年岁次乙亥十一月

当阳玉泉寺新修建的楼台

当阳玉泉寺

当阳玉泉寺般舟堂

当阳玉泉寺一景

玉泉寺

当阳玉泉寺内的古木

十八日当阳县治下李慧达建造镬一口用铁今秤三千斤，永充玉泉道场供养。""大业"是隋炀帝的年号，"十一年"即公元615年，距今已有1395年。此外，寺内另存元代铁釜、铁钟，及明清的鼎、炉等大型铁质文物十余件，均十分珍贵。

寺内并蒂莲、古银杏、月月桂被称为玉泉寺三宝。殿前平排有两个荷花池，池内满育着名贵的并蒂莲。莲花和菩提树、娑罗树、龙脑香一起，列为佛教的四大圣树。传说这里的并蒂莲原产浙江舟山群岛，隋朝开皇年间，寺中有位白意长老，到普陀进香朝拜时

莲花

带回一支，种在玉泉寺池内，现在的并蒂莲就是它繁衍的后代，已在寺中生长繁衍了1400余年。六月开花，八月始盛，其花颜色由外向里逐渐加深，心部转为胭脂色，娇艳无比。这并不是结莲子的荷花，它并没有雄蕊和雌蕊，是纯粹的观赏性植物。有一个花轴的，有一个花轴分为两个或三个分支的，花瓣一般多达350瓣，花的直径23厘米。也有分成三支的，花瓣一般多达七百多瓣，花的直径18厘米。

袁宏道诗首句："蓝堆翠扑几千年"，今虽然难以考证；不过，般舟堂右侧一棵四人合抱的唐代银杏树，高十余丈，时逾千年，仍然奋力生长，枝叶繁盛茂密，亭亭如盖，倒可作为袁诗之一佐证。在般舟堂院内，有两棵桂花树，枝繁叶茂，"叶似碧玉花如金，异香扑鼻醉人心"。这是世上稀有的"月月桂"，除了最热和最冷的两个月外，一年四季总是金花满枝，浓香四溢。

说起植物，玉泉寺还有一桩为人津津乐道的事，就是品赏玉泉茶。古时，玉泉山乳窟洞的溪水畔，茗草罗生，叶如碧玉，其形状如掌，制作的茶叶被称作"仙人掌茶"。此茶清香滑熟，饮之

当阳玉泉寺内的古银杏树

当阳玉泉寺

能还童振枯。早在 1000 多年前，陆羽就将玉泉茶列为仅次峡州（今湖北宜都）茶的名茶。"摘将仙掌试清泉"，玉泉煮新茶，堪称茶事双绝，不可多得。

沿大雄宝殿右侧的台阶拾级而上，便是毗卢殿。过去这里是方丈居住的地方，现在用于展览当阳出土文物，陈列其中的是新石器时代的石斧、石凿和牛、马、鹿、东方剑齿象等动物化石，还有近年出土的楚国早期的铁器、陶器等。宝物在侧，古树参天，莲花竞放，月桂飘香。身在古寺幽境之间，大有出尘脱世之感。

千姿百态的中国古塔反映了中国古代

鹿左下颌骨

玉泉寺

劳动人民高超的建筑工程技术和建筑艺术成就，是我国人文历史资源宝库中璀璨的明珠。在玉泉寺东的一座土丘上，立有北宋嘉祐六年（1061）所铸铁塔一座，八角十三层，高18米，本名"佛牙舍利塔"，俗称"棱金铁塔"，塔身乌黑发亮，直插云霄。该塔与陕西大雁塔、楼观塔、报本寺塔、广西的归龙塔、江苏的聚沙塔和青龙塔齐名。此塔是我国现存最高、最重、保存最完整的铁塔。其用铁"十万六千六百斤"，为仿木构八面楼阁式造型，双层弥座，每座都有平座和腰檐。平座之上，四门对开，隔层相错。二层南、

塔身上著有铭文

北、东、西四面铸有铭文 1397 字，分别记载塔名、塔重、铸造年代，工匠及功德主姓名和有关事迹，铭文中著有"皇宋嘉祐六年辛丑岁八月十五日"是铁塔铸制年代最为可信的证据。每层每边嵌有佛像，或坐、或立、或骑象、或乘狮。佛旁有侍从，门边有卫士，并铸有海山、水波、海藻等纹样，布局严谨。铁塔在角梁飞檐前端铸出凌空龙头，用以悬挂风铎。据说，当年龙口上都有风铃，微风吹来，叮叮当当，悠扬悦耳，可闻书里。整个铁塔由四部分组成，分别为：地宫、塔基、塔身、塔刹。地宫为六角竖井，用特制青砖砌成，内置汉白玉须弥座，座上置三重石函，函内奉有舍利，塔基、塔身均为铁铸，塔基铸有山峰、大海及八仙

当阳玉泉寺铁塔近景

过海、二龙戏珠的图案和纹饰。座上八面各铸有顶塔力士，全身甲胄，脚踏仙山托顶塔座，体态雄健，威猛异常。塔体另铸有佛像2279尊，故民间又称之为"千佛塔"。塔刹为铜制，形状如宝葫芦。铁塔的铸成方法是雕模制范翻铸而成，分层铸制，没有焊接，每段均为扣接安装。虽为铁铸，却千年不锈，为古今一奇。

铁塔外形轮廓纤巧玲珑，挺拔秀丽，颇似一根挥向蓝天的巨鞭。如果你仔细观察，就会发现塔身向北微微倾斜，这并非施工失误所致，恰恰相反，这种倾斜正是古人的独具匠心之处。原来，为了抵御冬季北风对铁

当阳玉泉寺大雄宝殿一景

塔的冲击和影响，建造者特意将塔的上半身微向北倾斜 1.5 度，千百年来，任凭风吹雨打，铁塔岿然屹立，不愧为古代建筑与冶炼技术史上的杰出之作。而普通百姓对于工匠们的良苦用心并不了解，伴随着塔顶的倾斜，编制了一个美丽的神话传说：很久以前，长江三峡中有一条恶龙，常常兴风作浪，吞食人畜，毁坏农田。南海观世音菩萨知道以后，特地赶到苏州制造了一座铁塔，然后驾着祥云，连夜启程，准备在天亮之前，将铁塔搬到三峡边上镇邪降妖。当观世音菩萨手托铁塔经过玉泉山时，天快亮了。这里的土地公公也想用观世音菩萨手中的铁塔来镇山，便学着公鸡的叫声，喔喔几声唱啼，观世音菩萨一听着急了，只好赶紧将手中的铁塔放在玉泉山上，匆忙之中，将塔顶放歪了。

唐代诗人张九龄写诗赞道："万木柔可结，千花欲敷然；松间鸣好鸟，竹下流清泉；石壁开精舍，金光照法筵。"而铁塔像山顶上的一颗明珠，每当夕阳照射在塔身上，铁塔的棱棱角角宛若披上一层金箔，紫气金霞，交相辉映，形成"铁塔棱金"的奇观。如果此时有风吹来，风吹铎响，更添几分情趣。明代文人袁中郎曾赞叹道："丛林忽涌中流地，铁塔曾擎半壁天。"

寺北山下有我国三大著名间歇泉之一的

当阳玉泉山晚霞景观

当阳玉泉寺

珍珠泉

珍珠泉，此泉游人如傍岸静观，则池清水净，珠沫缓吐；若跺石击掌，则泉水沸涌，蔚为壮观，正所谓"清泉珠错落，泉沸珠盘旋"，"游人一击掌，迭迭如贯珠"。相传建安二十四年(219)，关羽大意失荆州，败走麦城，被吕蒙所害。关公死后阴魂不散，悠悠飘到玉泉山，大呼三声"还吾头来！"被普净法师所劝。关羽所骑的赤兔马也悲愤不已，四蹄击土，趵出大坑，泉水涌出，关羽心如刀绞，泪如雨下，滴到水里如串串珍珠，就形成了珍珠泉，又称跑马泉。该泉现位于玉泉寺左侧的翠寒山下，泉水中冒出一串串水泡，恰似珍珠一般，水质

青碧如玉。泉水冬暖夏凉，水温常年保持在18℃到20℃之间。宋代苏东坡题为"漱玉喷珠"，明代袁宏道称为"珠泉跳玉"。

除此之外，另两大间歇泉分别是在湖北省咸宁市九宫山景区的三潮泉，和在西藏雅鲁藏布江上游的搭各加地的间歇泉。其中三潮泉位于当地隐水洞旁的三潮泉村，村名也因间歇泉而得名。泉水一日涌流三潮，涌潮时，泉水奔涌而出，哗哗呼吼，白浪翻滚，如珍珠奔涌，历时三四十分钟左右，潮过后寂静断流，数百年来日日如此。西藏间歇泉的泉水涓涓流淌，在一系列短促的停歇和喷发之后，随着一阵震人心魄的巨大响声，高温水汽突然冲出泉口，即刻扩展成直径 2 米以上、高达 20 米的水柱，柱顶的蒸汽团继续翻滚腾跃，直冲蓝天，喷了几分钟或几十分钟之后就自动停止，隔一段时间才再次喷发。间歇泉即是因它喷喷停停、停停喷喷而得名。

科学家经过考察指出，适宜的地质构造和充足的地下水源是形成间歇泉最根本的因素，此外，还要有一些特殊的条件：首先，间歇泉必须具有能源，地壳运动比较活跃地区的炽热的岩浆活动是间歇泉的能源，因而它只能位于地表稍浅的地区。其次，要形成间歇性的喷发，它还要有一

珍珠泉石刻

玉泉寺

珍珠泉一景

套复杂的供水系统来连接一条深泉水通道。在通道最下部，地下水被炽热的岩浆烤热，但在通道上部，泉水在高压水柱的压力下又不能自由翻滚沸腾。同时，由于通道狭窄，泉水也不能随意上下对流。这样，通道下面的水在不断地加热中积蓄能量，当水道上部水的压力小于水柱底部的蒸气压力时，通道中的水被地下高压、高温的热气和热水顶出地表，造成强大的喷发。喷发后，压力减低，水温下降，喷发因而暂停，为下一次新的喷发积蓄能量。

石望表上刻有"汉云长显圣处"等字

科学家虽已揭开了间歇泉的神秘面纱，但人们仍为它雄伟而瑰丽的喷发景观所倾倒。

在珍珠泉右山麓，竖立着一座一丈高的石望表，柱顶蹲着一双昂首仰天的石兽，正面刻着"汉云长显圣处"。背后款为："万历丙辰岁孟秋月吉旦建立"，即明神宗万历四十四年(1616)所立。

（四）玉泉寺的教派

被誉为"荆州丛林之冠"的玉泉寺在中国佛教史上有着极为重要的地位和影响。它既是中国第一个佛教宗派天台宗的祖庭之一，又是禅宗北宗的祖庭，所谓"一寺而兼两祖庭"。此外玉泉寺还与其他佛教宗派如律宗、净土宗、禅宗南宗等也有着极为密切的关系。隋唐之时，玉泉寺高僧辈出，国师云集，诸宗竞秀，蔚为大观，是当时全国的佛教中心之一。

述及玉泉寺之教派，不得不先概述一番我国佛教之状况。佛教发源于印度，传到中国后与中国的传统文化互相影响、吸收，发展为中国的民族宗教之一，成为中国文化的重要组成部分，对中国古代社会历史，对哲学、文学、艺术等其他文化形

态，都产生了深远的多方面的影响。

佛教在中国的发展，历史上可分为两个阶段。一是吸收阶段，从东汉到魏晋南北朝，一直到隋唐这七八百年的时间。在这一时期内，中国基本上都是在吸收印度传来的佛教文化，绝大多数的佛教经典，就是在这一时期翻译过来的。第二阶段是佛教中国化的阶段。隋唐以来，天台、华严，特别是禅宗的形成和发展，表明佛教在中国已具有特色，逐渐走上独立发展的道路，成为中华民族文化的重要组成部分。

佛教在周朝时已经陆陆续续传过来，但并非正式的，后国家派了使节到西域去

镏金佛像

玉泉寺

第一座官办寺庙白马寺

迎请，礼请过来，这是正式的，从后汉永平十年（67）起，在中国已经有1900多年历史，并于当时的都城洛阳建立了第一个官办寺庙——白马寺。

魏晋南北朝时代佛教逐渐在民间流传开来，另外还有其他的一些印度佛教派别也来到了中国，如禅宗祖师菩提达摩就是这个时期来到中国的。达摩在嵩山少林寺隐居面壁九年的故事在中国广泛流传。

到了唐代（618—907），印度的佛教已经发展了几百年，出现了多种派别。在唐代中国佛教的一件大事就是，妇孺皆知的《西

当阳玉泉寺

《西游记》中师徒四人取经途中雕像

游记》中的唐僧——玄奘大师不远万里去印度取经。他回国后，唐太宗非常重视，安排了数千人参加玄奘大师的佛经翻译工作。因玄奘大师的弘扬，使印度后期佛教哲学和大、小乘佛教的经典，在中国得到广泛传播。

自17世纪中叶，佛教虽然仍被敬信，但是清廷为了笼络蒙藏地区边疆民族的关系，对密教的佛法尤为尊崇，此自元朝以来，已经相沿成习，成为国家政策的一贯传统。内地的佛教自雍正以后，禅宗一派在丛林制度的庇荫下，其法统的传承有形

佛教经典在中国得到广泛传播

式的保留，但实际上已是一蹶不振，只有净土一宗还能保持昔日的阵容，普遍流传于民间社会。此外，如天台一宗，也是若隐若现。华严、唯识等宗，大多已名实不符，附和于禅宗、天台、净土三宗之间。这是当时佛教的一般概况。

在教派方面，中国佛教是由汉语系佛教（亦称大乘佛教）、巴利语系佛教亦称南传上座部佛教（俗称小乘佛教）、藏语系佛教亦称喇嘛教三部派组成的。其中，南传上座部佛教在全国仅云南独有。从隋唐开始，中国佛教有了宗派。当时印度佛教中的"大乘

密宗铜佛像

和小乘"两大流派，都曾在我国流行过（现在云南的傣族地区信奉小乘佛教，其他地区信奉大乘佛教），佛学传入东土，被炎黄子孙接受和研究，由于有各自的理解和悟性，从而形成了中国特有的许多佛教宗派，主要有：三论宗（又名法性宗）、瑜伽宗（又名法相宗）、天台宗、化严宗（又名贤道宗）、禅宗、净土宗、律宗、密宗等八大宗派（都属于大乘佛教）。

玉泉寺最早为天台宗祖庭之一，智者大师在此宣讲《法华玄义》《摩诃止观》，首创天台宗道场。天台宗为汉传佛教大乘教分支，因其创始人智头常驻浙江天台山说法，故而得名，天台宗是汉传佛教最早创立的教派（始于6世纪中叶），并于9世纪传到日本。其教众称其有九祖，分别是：龙树、慧文、慧思、智顗、灌顶、智威、慧威、玄朗、湛然。也有以智头为初祖的，智顗又称智者禅师、慧思之徒，是天台宗实际创始人，天台宗继承中国南方的禅观，尊奉《妙法莲华经》，所以也称为法华宗。在汉传大乘教的教派中，有些教派偏重于教义理论的发挥，有些则偏重观行实践的进取，天台宗讲究的是将"教观"两者共同发挥并融为一体，主要思想是实相和止观，以实相阐明理论，用

当阳玉泉寺最早为天台宗祖庭之一

当阳玉泉寺

止观指导实修。天台宗"一心三观"的理论，即：一切事物均由缘而生，没有不变的实体，是为观空；虽然如此，一切事物又都有自己的相貌，是为观假；然而空与假是统一的，是为观中。又有"一念三千"之说：世上有三千种世间，三千种世间都出自一念心中。能将这些都领会了，那么就能达到顿断三惑、圆证三智的境界了。天台宗宗旨为《妙法莲华经》，指南为《法华玄义》《法华文句》及《大智度论》，观法是《大般若经》，扶疏为《大般涅槃经》。9世纪初，日本僧人最澄将此宗传到日本。该宗虽几经兴衰，但仍延续至今。

清廷对密教的佛法尤为尊崇

　　隋唐之时形成的诸多佛教宗派中，对后世影响最大的无疑是禅宗。所谓禅宗，也是汉传佛教大乘教派的一支，成宗较晚，但在中晚唐之后成为汉传佛教的主流。是汉传佛教中影响最广、时间最长的宗派，并流传到朝鲜，日本等地。禅宗最早创于印度，初祖即是佛陀（释迦牟尼），在印度传至第二十八祖菩提达摩时，达摩师祖奉师命来中国弘法，成为中国禅宗初祖。禅宗自四祖道信、五祖弘忍开"东山法门"后，信仰者日众。弘忍门下"堪为人师"

者皆分头弘法，禅者足迹遍布大江南北。随着因人因地而传的禅法的差异，各家争法统、争正宗的斗争日趋激烈，禅宗由此分为北宗和南宗两大宗派。据南宗的经典《坛经》记载"时祖师（慧能）据曹溪宝林，神秀大师在荆南玉泉寺。于是两宗分化，人皆称'南能北秀'。"南宗以宝林寺为祖庭，北宗就以玉泉寺为祖庭。在争禅宗法统的斗争中，两宗门下相互攻讦，甚至发展到"相见如仇雠"、"相敌如楚汉"的地步。开始时北盛南弱，神秀及其弟子在以长安和洛阳两个政治、文化中心为主的地区备受尊崇，南宗只在两广一带传播。

当阳玉泉山

玉泉寺

当阳玉泉寺大雄宝殿前的僧侣

在神秀和慧能都去世后，北宗因后传无人，在唐开元二年（730）洛阳明定南北总是非大会上为南宗所败，南宗遂为禅宗的正统，南宗创始人慧能被尊为禅宗第六祖，北宗从此衰落，至唐末消亡。神秀更是在《坛经》中被矮化和丑化，直到近代在敦煌文献中发现了许多北宗的材料，北宗在唐代曾盛极一时的事实才被人们认可并重视。北宗对佛教"戒、定、慧"解释为："诸恶莫作名为戒，诸善奉行名为慧，自净其意名为定。" 北宗较有影响的高僧有：弘景，神秀，普寂，一行等。

鉴真和尚像

隋唐之时的玉泉寺不仅是天台宗和禅宗北宗的祖庭，而且与佛教其他宗派也都有着极密切的联系。如与神秀同时的恒景，当阳人，《宋高僧传》有传。他先在当阳玉泉寺出家，习天台宗，是灌顶的再传弟子，后又追随律宗创立者道宣及弟子文纲学习律宗，他在当时的声望也很高，屡受朝廷的召见，是唐中宗的受戒师，东渡日本传法的律宗大师鉴真也是他的弟子。他的弟子中比较著名的还有兰若和尚惠真，兼习天台宗和律宗，声名卓著。惠真的弟子众多，他的再传弟子中有唐代著

佛教天台宗祖庭

当阳玉泉寺一景

当阳玉泉寺

达摩禅师石像

名的诗僧皎然以及净土宗的开创者法照，法照在唐代宗时也是国师。而著名的天文学家一行，则既是北宗神秀一系普寂的弟子，又从天台宗惠真问学，和玉泉寺关系匪浅。而后来成为禅宗主流的南宗，与玉泉寺的关系也很紧密。惠能的弟子中间，荷泽神会就是先在玉泉寺从神秀习禅，神秀进京以后，神会又转投惠能门下，在南北宗为争夺禅宗法统的激烈斗争中，神会为弘扬南宗立下了大功，可以说是南宗最后取代北宗成为禅宗正统的关键人物。而惠能的另一位重要弟子南岳怀让，则是15岁到玉泉寺以恒景为师出家，跟他学习戒律8年，并在玉泉寺受具足戒，后来因想寻求思悟佛理的法门，转投惠能门下。南岳怀让的弟子马祖道一是禅宗史上的著名人物，后世从他的法系形成临济宗和沩仰宗。由此可见，当阳玉泉寺在隋唐之时不愧为全国的佛教中心之一，在中国佛教史上有着极其重要的地位和影响。

（五）高僧传

当阳玉泉寺立寺千年，在佛教寺院中有重要的地位，其原因之一就是这里出现了很多有影响力的高僧。比较著名的有，普净，智者大师，法瑱，神秀，恒景，斋己，普寂，一行，幕容，务本，广铸等。

普净

普净为东汉末年人，原为沂水关镇国寺方丈。后云游天下，至当阳玉泉山见这里山清水秀，遂于山中结草为庵，坐禅修道，玉泉山由此与佛结缘。但普净更广为人知的事迹是其在沂水镇国寺时，提醒关羽，使其免遭沂水守将卞喜暗算，帮助关羽完成了过五关、斩六将、千里走单骑的惊世壮举。关羽遇害后，又是普净将其点化，使其立地成佛，今佛教中的伽蓝神即为关云长，可以说没有普净就没有关羽后来的荣耀，没有普净，今天的佛教中也就没有那威风凛凛的右护法天尊了。

智者大师

智者大师即是智顗，是我国陈、隋之际的著名佛教领袖和佛学思想家，被天台宗人尊为四祖（中国佛教天台宗高推龙树为初祖，以慧文、慧思为二祖、三祖），实际上是中国佛教天台宗的真正创始人，所以常被称为天台智者大师。

智者大师生于531年，本姓陈，字德安，荆州华容人。18岁出家，初投湘州（今湖南

天台智者大师像

长沙）果愿寺沙门法绪，23 岁前往光州（今河南光山）大苏山从慧思禅师受业，慧思兼重"定""慧"，融合南北学风，是日后智顗"止观双修"思想的根源。30 岁前往金陵瓦官寺，讲《大智度论》及《法华经》，极受陈朝僧俗敬重。38 岁前往浙江天台山，一住十年，潜心习禅传道，后又在陈后主的邀请下回到金陵，完成被称为天台三大部的《法华文句》。隋朝两帝对智顗也极为优待。当时的晋王杨广力邀智顗至扬州，并为杨广受菩萨戒，由此获得智者大师的称号。隋文帝开皇十二年（592），智者大师坚请回荆州报答地恩，于当阳玉泉山建造寺庙，隋文帝敕赐寺额为"玉泉寺"，作为弘法道场。在玉泉寺，智者大师讲解

天台山风光

玉泉寺

了天台三大部的《法华玄义》和《摩诃止观》，由弟子章安大师灌顶记录成书，由数千僧俗听其讲解，从其学禅者也有三百多人。智者大师在玉泉寺仅仅呆了两年，一方面由于地方官虑其聚众对其进行干预，另一方面晋王杨广一再敦请，就又回到金陵。隋文帝开皇十六年又归天台山，次年卒，享年60岁。开皇十八年，杨广为智者大师建天台寺于天台山，大业六年（605）改名国清寺。

天台山国清寺一景

智者大师在中国佛教史上最大的功绩就在于他创立了中国佛教史上的第一个宗派——天台宗。天台宗的创立，适应了全国统一的政治要求和佛教发展的趋势，是在统

当阳玉泉寺

天台宗国清寺一景

一南北佛教的基础上结合本土思想而建立起来的中国化的佛教宗派，它对佛教的各类经典和教义进行了折衷，对南北两地形成的不同学风进行了调和，并对中印两种不同的思想学说加以融通。天台宗的创立，也标志着佛教"中国化"进程的完成，从而也标志着中国佛教已经达到了它的成熟阶段。同时，天台宗的创立，也开创了中国宗派佛教的创建风气，其后华严宗、禅宗、密宗、唯识宗、净土宗等也接踵而建。尤其是智者大师为天台宗确立的止观并重、定慧双修的最高修行原则，更为各宗派所奉行。《佛祖统记》卷七载："智者破斥南

天台宗国清寺寺门

天台宗国清寺

当阳玉泉寺

天台山风光

北之后，百余年间，学佛之士，莫不自谓双弘定慧，圆照一乘。"智者大师不愧为中国佛教史上的一代宗师。智者大师长期在浙江天台山修行弘法，天台宗由此而得名，浙江天台国清寺(原天台寺)更被海内外认作天台宗的祖庭。但当阳玉泉寺无疑也是天台宗的祖庭之一，这不仅是因为它是由智者大师亲手创建的，还因为智者大师虽然在此时间不长，但却在此讲述了他对于《法华经》的成熟理解，完成了《法华玄义》和《摩诃止观》两书，这标志着智者大师已经构建起一套完整的、独树一帜的理论体系，天台宗也得以形成。天台宗的基本思想如"三谛圆融""五时八教""一心三观""一念三千"等都是在这两部书中提出来的。或者可以说,智者大师的天台宗思想体系,是在浙江天台山修行思考的,在玉泉寺成熟宣讲的,玉泉寺见证了一代宗师的成熟思考。不仅如此,智者大师在玉泉寺的弘法传道,播下的智慧法种生根发芽,世代相传。玉泉寺在唐代一直是天台宗的一大重镇,与浙江天台国清寺一东一西,遥相呼应,为天台宗的发展作出了巨大贡献。

神秀

神秀是唐代高僧,为禅宗五祖弘忍弟子,北宗禅创始人。俗姓李,汴州尉氏(今属河

神秀大师曾在东山寺求法

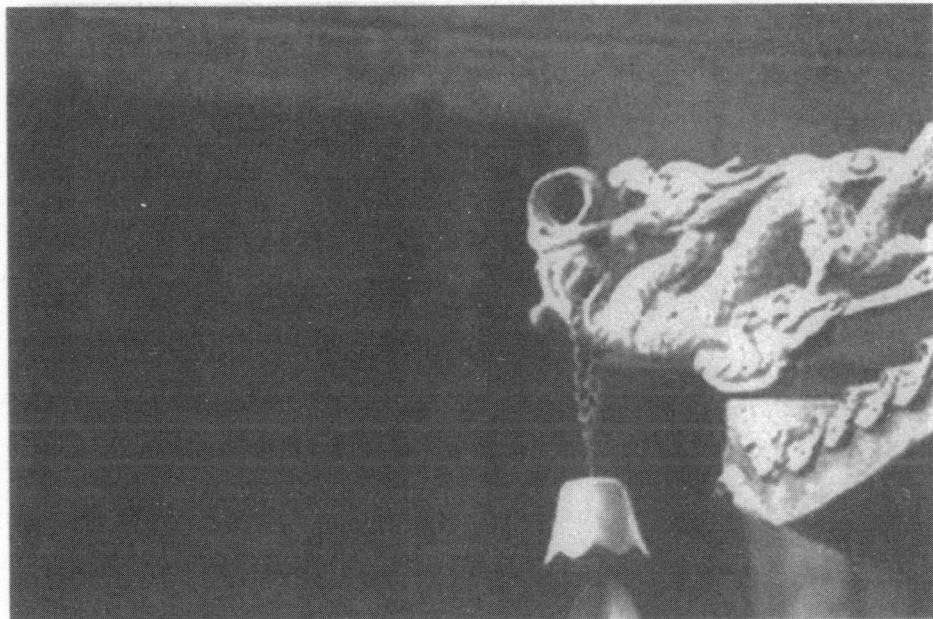

武则天像

南）人。少习经史，博学多闻。50岁时，到蕲州双峰山东山寺（在湖北黄梅县东北）谒禅宗五祖弘忍求法，后出家受具足戒。曾从事打柴汲水等杂役六年。弘忍深为器重，称其为"悬解圆照第一"、"神秀上座"，令为"教授师"。相传弘忍为付衣法，命弟子们各作一偈以呈，神秀作偈云："身是菩提树，心如明镜台，时时勤拂拭，莫使惹尘埃。"弘忍认为未见本性，未付衣法。弘忍死后，他在江陵当阳山（今湖北当阳县东南）玉泉寺，大开禅法，声名远播。四海僧俗闻风而至，声誉甚高。武则天闻其盛名，于久视元年（700）遗使迎至洛阳，后召到长安内道场，时年九十余岁。其深得武则天敬重，命于当阳山置度门寺，于尉氏置报恩寺，以旌其德。中宗即位，更加礼重。中书令张说也向他问法，执弟子礼。神龙二年（706）在天宫寺逝世，中宗赐谥"大通禅师"。弟子普寂、义福（行思）继续阐扬其宗风，盛极一时，时人称之为"两京法主，三帝门师"，两京之间几皆宗神秀。后世称其法系为北宗禅。神秀的根本思想，可以从他作的示众偈看出："一切佛法，自心本有；将心外求，舍父逃走。"（《景

玉泉寺

东山寺观音殿

德传灯录》卷四）他继承道信以来的东山法门，以"心体清净，体与佛同"立说。因此，他把"坐禅习定"、"住心看净"作为一种观行方便。后惠能弟子神会出来论定南北宗优劣，以神秀之禅由方便入为渐门，以惠能禅直指人心为顿门，于是有南顿北渐之分。北宗禅仅传数代即衰，普寂弟子道璇曾将北宗禅传往日本。

神秀继承了道信、弘忍以心为宗的传统。认为"一切佛法，自心本有"，反对"将心外求"。禅风以"拂尘看净，方便通经"为特点。其门下传有他所作的《大乘五方便》（一作《北宗五方便门》，又作《大乘无生方便门》），晚近在敦煌石窟发现它的写本

（巴黎图书馆藏有两本）。另有《观心论》一卷残本，亦于敦煌发现。

普寂

普寂是唐时僧人。本姓冯，蒲州河东(今山西永济西）人。幼年即修学经律，后到荆州玉泉寺师事神秀六年。神秀被召赴洛阳，代师统其僧众。开元初，往中岳嵩阳寺阐扬禅法。后被召到长安，王公大臣竞来礼谒。卒年89，谥"大慧禅师"。

一行

玉泉寺最有名且对社会发展贡献最大的高僧当数一行。一行俗名张遂，唐代人，生于河南南乐县（一说河北巨鹿），自幼勤奋好学，年青时代即以知识渊博，精通

普寂禅院江心寺

玉泉寺

玉泉寺龙王殿

天文、历法出名。他曾写出阐释杨雄《太玄》的专著而声名大振，显贵武三思有意与他结交，张遂顾虑其名声不好，又不敢得罪武三思，于是逃走，后出家，法名一行。一行出家后，云游天下，遍访名师，先后在嵩山、天台山、玉泉山学习佛教经典和天文数学，曾翻译过多种印度佛经，并成为佛教一派——密宗的领袖。

一行在佛学上有很高的造诣，但他最大的成就却是来自他在科学技术方面的成功。唐开元五年（717），一行奉唐玄宗之召，从当阳玉泉寺到长安，在长安生活了十年，主要致力于天文研究和历法改革，并取得了巨大成就。

开元九年（721），唐玄宗命一行主持

黄道经纬仪

浑天仪

玉泉寺

水运浑天仪

修订新历法，为此做准备，他与梁令瓒合作制造了铜制黄道游仪，水运浑天仪等大型天文观测，演示仪器为新历法的修订提供了必要的物质技术条件。黄道游仪是用来观测日、月、星辰位置和运行的天文仪器。水运浑天仪用水力驱动，能够模仿天体运动，一行所制造的水运浑天仪能有规律地演示出日、月、星辰的运转，比汉代张衡所制的水运浑象

当阳玉泉寺

唐代著名《伏衍历》的制定者一行塑像

更精密、复杂。最为奇妙的是水运浑天仪上还有两个木人，由齿轮带动，木人前面设有钟鼓，每一刻（我国古代把一昼夜分为一百刻）自动击鼓，每一辰（一昼夜为十二辰）自动撞钟。可以说它是现代机械钟表之祖，比西方钟表的出现早了600多年。仪器制成后，一行在开元十二年（725）发起并组织了一次大规模的天文测量活动，这次活动在全国设立了12个观测站，获得了大量数据，用这些数据，一行绘制了24幅《覆矩图》，并计算出了子午线的长度，这是世界上第一次子午线实测，比外国早了90年。一行利用黄道游仪和水运浑天仪重新测定了一百五十多颗恒星的位置，发现了恒星的运动现象，得到了恒星是运动的结论，这样就纠正了古人恒星永世不动的错误观点，比英国天文学家哈雷发现恒星运动要早了一千多年。

开元十五年（727）一行历时两年完成了《大衍历》二十卷初稿，可惜就在这一年，他与世长辞。在《大衍历》中，一行纠正了过去历法把全年均分为二十四个气节的错误，是我国历法上的一次重大改革和进步。《大衍历》的贡献还在于比较正确地掌握了太阳在黄道上运行速度变化的规律。一行还创造了不等间距的二次内插法公式，在天文

一行不但是开宗立派的得道高僧，更是一位科学家

当阳玉泉寺

唐一行禅师之塔

学计算上有着重要意义，对于数学发展史也有一定影响。一行除了编有《大衍历》外，还著有《开元大衍历》，《七政长历》，《易论》，《心机算术》，《宿曜仪轨》，《北斗七星护摩法》，《七曜星辰别行法》等。一行不但是开宗立派的得道高僧，更是一位在天文、历法、仪器制造和数学上都有很大贡献的科学家，在我国科学技术发展史上有着重要地位。一行去世后，唐玄宗亲自撰写塔铭，谥封一行为"大慧禅师"，今人为了纪念他，将编号 1972 的小行星命名为"一行小行星"。

当阳玉泉寺雪景

（六）典故传说

　　玉泉寺位于当阳，当阳是三国古战场，有关三国的传说极多，最著名的就是关云长了。在中国，说到关公，可谓家喻户晓，然而这些都应归功于玉泉寺。在这里就简要选择几个广为传颂的故事，与读者分享，从另一角度，去领略当阳玉泉寺那份古老的历史、那份悠远的文化、那份迷人的神秘。

关于覆船山名的传说

　　大凡佛家重地，自然典故传说极多，有人说玉泉山（覆船山）本是观音乘坐的仙舟，因与虾精大战而翻覆在此。又说山下珍珠泉是关羽赤兔马的眼泪化成的，不远处的大石头就是赤兔马。还说寺中放生池里的青蛙因为听差了话，将观音菩萨说的"一时不叫"听成"一世不叫"，从此不叫。还有"取木井"的故事，这一故事在全国许多大寺院都有，内容几近雷同。前些年有一部电视剧《济公》即有对此故事的描写，只不过玉泉寺取木井的主角是鲁班，电视剧的主角是癫和尚。

　　还有传说这里以前是一片汪洋，一仙姑乘一只装满五谷杂粮的大船外出投亲，遇大风，发乱，仙姑搬梳妆盒，拿出木梳梳妆，不料，木梳滑入水中，仙姑到船旁侧身打捞，海水颠簸，船覆，亿年过去，覆船成山。玉泉山下的溪水边，还有一个五谷洞，传说就是那船积下的粮食。

歪嘴土地公公

离玉泉寺不远的朝阳湖畔有座土地庙，庙里有一尊青石刻的土地公公，可这位土地公公的模样与别处的不同，是个歪嘴公公，谁能有这么大的胆子，把土地公公的嘴都弄歪了？说起来，这就和玉泉寺前的铁塔有关了。这位土地公公自己演了一出古代版半夜鸡叫，他捉弄的，竟是法力无边的观音菩萨。

相传，玉泉寺前的铁塔是在平江府（今

观音菩萨像

当阳玉泉寺铁塔上的雕塑

苏州市）铸造的，是为了放到长江西陵峡口镇压洪水的，安放地点的名字都取好了，叫"小溪塔"，意思是安放了铁塔，长江就会像小溪一样温顺，不再发大水了。铁塔如期造好了，人们才发了愁，你想这铁塔高八丈有余，重十万多斤，平江距宜昌千里之遥，以凡人之力如何能运到？后来观音菩萨在天上知道了，就在一天夜里来到平江府，用一把雨伞挑上铁塔，架起祥云往宜昌送。"上界神仙一动，下界土地皆知"，别的土地知道了，也没什么，单单玉泉山的这位土地公公起了私心：这铁塔可是个宝贝呀，怎么着才能让它留在我

当阳玉泉寺舍利宫

这呀？别看土地公公白胡子都一大把了，可他精着呢，他知道观音菩萨做好事不愿让人发现，就心生一计，躲在观音菩萨必经之处等着。再说这观音菩萨正赶路，突然听到几声鸡叫，心想不好，天要亮了，我做这事可不能让凡人看到，先找个地方放放再说吧。她朝下一看，见不远处有座山，十分清秀，山中有座寺院，也颇有仙气，观音菩萨就把铁塔往寺前一放，放歪了，她正要去扶，心里突然一动：不对，现在应该是半夜，哪来的鸡叫呢？于是她又要去挑铁塔，这时土地公公出现了，观音菩萨一看，什么都明白了，心里很生气，就不轻不重地给了土地公公一

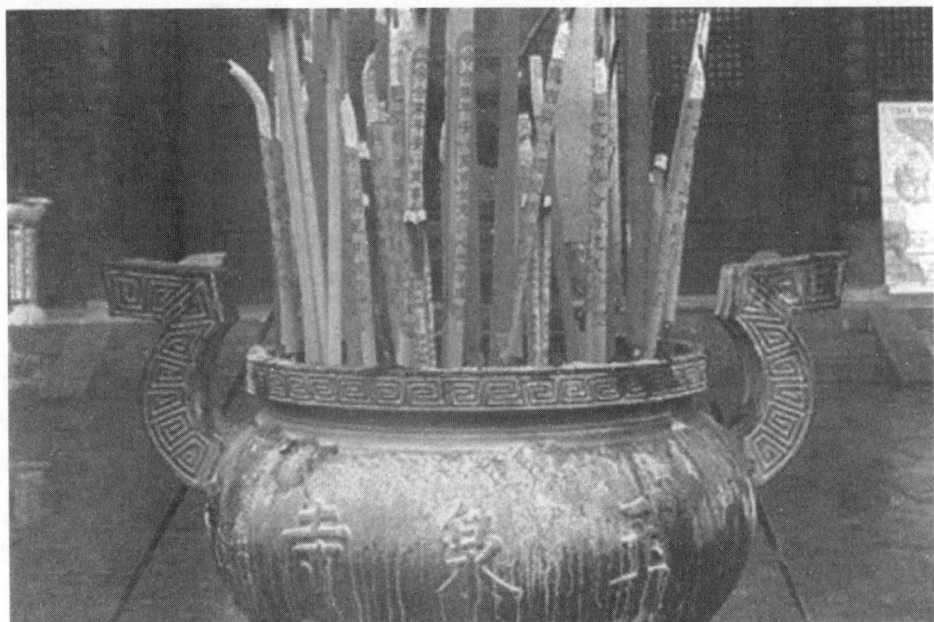

当阳玉泉寺香炉

巴掌。这一下可不得了，你想，观音菩萨能挑起十万斤重的铁塔腾云驾雾，那力气多大呀，她不轻不重的巴掌谁能受得了？于是这土地公公的嘴巴就歪了，到现在还没好，观音菩萨也不再管铁塔的事了，铁塔从此便留在了玉泉寺，还有点斜。小溪塔到现在也没有塔，只落下个空名。

珍珠泉的传说

珍珠泉位于当阳玉泉寺北侧山下，相传过去这里是一条大河，有一次玉皇大帝为了给王母娘娘做寿，命太白金星从东海龙王处运送一船珍珠路过此处，当时船上的水手告诉太白金星：此处多暗礁，请绕道而行。可是太白金星把水手的话听差了，回答说：龙王家族兴旺，河中自然多蛟（礁），结果大船撞在暗礁上翻了，珍珠落到河底，太白金星只好空着手回复玉帝，玉帝大怒，罚了太白金星三年的仙俸，并将此河移到天上，成为银河，而这里就变成了一片陆地。后来过了很多年，有人不知怎么知道了这件事，就结伴到当初翻船的地方去挖掘觅宝，人们在这里挖了一个大坑，数不尽的珍珠就随着留存下来的银河圣水涌出，可珍珠一出水面就无影无踪，人们这才知道神物不入凡人之手，就不再挖了，可圣水和珍珠还在一直不断地涌出，就成了现在的珍珠泉，只不

当阳玉泉寺珍珠泉一景

当阳玉泉寺

过现在的人只能看见水泡，看不见珍珠罢了。

石望表的传说

东汉建安二十四年（219），关公大意失荆州后，败走麦城，被吕蒙所害，葬于当阳县城西北四华里处（即今关陵庙）。关羽被害后，阴魂不散，每到晚上就在当阳玉泉山空中游荡，高喝"还我头来"，以致妇幼惊骇，四邻不安。这时，在汜水关镇国寺和关羽别后云游到此的僧人普净在庵中默坐，闻听空中有人呼喊，仰面凝视，只见空中一人，骑赤兔马，提青龙刀，左有一白面将军，右有一黑脸虬髯大汉相随，一齐按落云头，至玉泉山顶。普净认出是

关公像

玉泉寺

儒家奉关羽为"武圣"

关公"显灵"，遂击其户曰："云长安在？"关公英魂顿悟，下马乘风落于庵前，叉手问道："吾师何人？愿求法号！"普净说："老僧普净，昔日汜水关镇国寺中，曾与君侯相会，今日岂忘之耶？"关公说："向蒙相救，铭感不忘。今某已遇祸而死，愿求清论，指点迷途。"普净说："昔非今是，一切休论；后果前因，彼此不爽。今将军为吕蒙所害，大呼还我头来，然则颜良文丑、五关六将等众人之头，又将从谁处索取？"于是，关羽恍然大悟，稽首皈依而去。后来关公还常在玉泉山里显圣护民，百姓感其德，刻石表以铭之。至唐代德宗真元年间（785—805），人们又在此处修建显烈祠，祭祀者络绎不绝，

当阳玉泉寺

关公像

后人曾题一对联于其庙，云：

赤面秉赤心，骑赤兔追风，驰驱时，无忘赤帝。

青灯观青史，仗青龙偃月，隐微处，不愧青天。

后来关羽成为佛教的伽蓝神，护法天尊。儒家奉关羽为"武圣"，道教也尊其为"关圣帝君"。在中国，儒释道三家共尊一神为偶像的，自古只有关羽一人。如今有关关公的故事，传说极多，其总源头就在当阳玉泉寺。玉泉寺成就了关羽文化的辉煌，关羽文化就是从这里走进了全体华人的世界。

道教尊关羽为"关圣帝君"

青龍偃月華夏震

浩氣貫空宇宙驚

当阳玉泉寺关公磨刀石

当阳玉泉寺

并蒂莲花的传说

　　并蒂莲花和菩提树、娑罗树、龙脑香一并被称为佛教四大圣树。

　　玉泉寺内并蒂莲花，为世所罕见。一般莲花只有一个花心，而玉泉寺的并蒂莲花却有两个花心。传说，玉泉寺附近有个大老爷的姑娘，名叫莲花姑娘，长得十分俊俏，经常穿一条水红色的罗裙，人们称她是莲花仙子化身。莲花姑娘爱上了家里的轿夫蒂哥。蒂哥眉目清秀，勤劳善良，两人情投意合。这件事被大老爷知道了，觉得有失体统，心中大怒，决定将莲花姑

莲花被称为佛教四大圣树之一

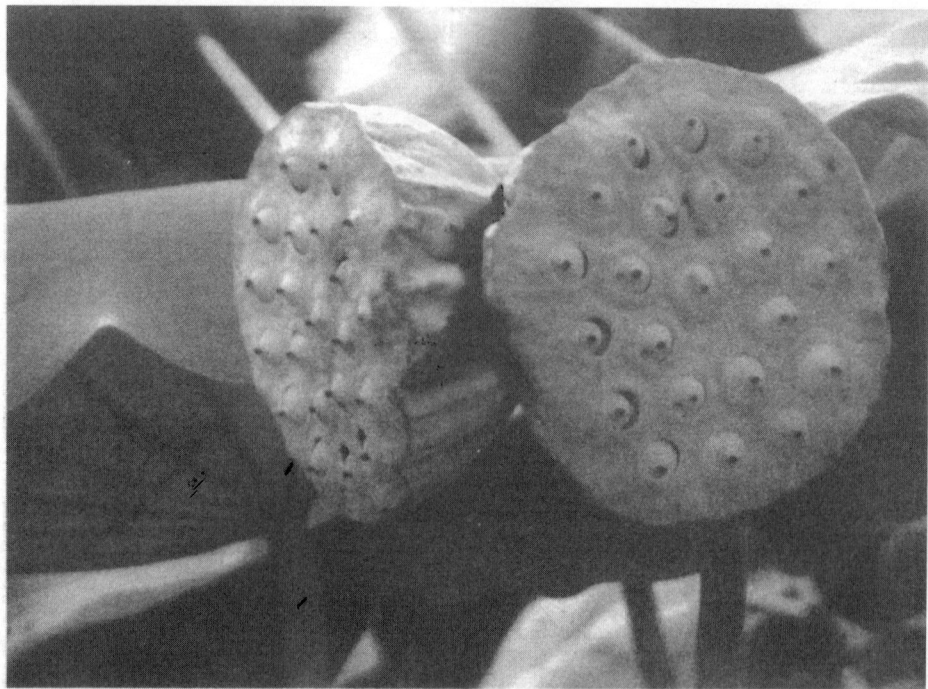

玉泉寺

并蒂莲花

娘嫁给县官做小老婆。莲花姑娘当然不依，
掩面而泣，三天三夜不吃不喝。第四天夜里，
莲花姑娘穿上自己心爱的衣裙，和蒂哥趁着
夜色逃跑了。当他们逃到彼此初识的水塘边
时，前面已无路可走，追赶的家奴却渐渐逼
近了。于是莲花姑娘和蒂哥一起手牵着手，
跳入了水塘之中。一年后，水塘里出现了荷
叶，不久，丰满的荷苞也渐渐开放了。人们
说这一层层的花瓣，是莲花姑娘的百褶裙；

当阳玉泉寺

自古以来，人们便视并蒂莲为吉祥、喜庆的象征

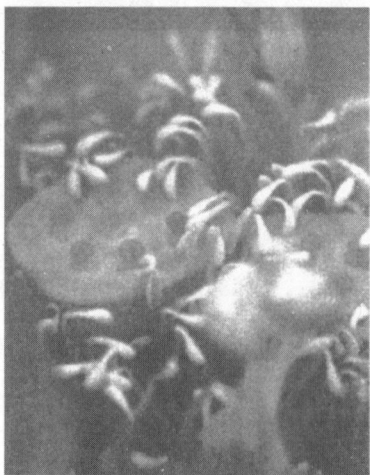

花开两姊妹，并蒂一夫妻

中间并列的两个美丽的花心，是莲花姑娘和蒂哥的一片赤诚之心。后人曾作诗感叹道："花开两姊妹，并蒂一夫妻。芬芳共珍重，风雨更相依。"

玉泉寺

二　邢台玉泉寺

邢台玉泉寺位于河北省邢台市黄寺镇，是我国北方著名佛家寺院。

（一）地理环境

邢台市地处河北省南部，太行山脉南段东麓，华北平原西部边缘，东与山东省隔运河相望，西依太行山和山西省接壤，南北分别与邯郸，石家庄相邻，面积 12500 平方公里，距北京 400 公里，交通方便，地位重要，古称邢国、巨鹿、顺德府，历来是兵家必争之地。

黄寺镇位于邢台市西北 20 公里，太行山东麓的棋盘山下，原为皇寺村，又名玉

邢台玉泉寺

玉泉寺

泉寺村，该处有泉水，古称"玉泉池"，池旁有一寺院名"玉泉寺"，村名由此而来，相传元顺帝曾在此躲避红巾军将领朱洪武的追杀，后将玉泉寺改名"皇寺"，村名也改称"皇寺村"。

（二）发展历史

邢台玉泉寺建于唐朝贞观年间(627—649)，为何人所建未见记载，故无从考证。元代重修。但据今人汉传佛教大乘教禅宗曹洞宗第 48 代传人，中国佛教协会副会长，邢台玉泉寺住持净慧法师据金代三通《尊胜陀罗尼经幢》考证，邢台玉泉寺的开山师祖应是金代高僧，曹洞宗第 16 代智洪禅师，时间为大定年间。即以此推算，邢台玉泉寺至今也有八百多年的历史了(1161—1189)。

智洪禅师即《尊胜陀罗尼经幢》所载"洪公唯识大和尚"，文献中均只见其名，未载其业，故现对其人所知不多。智洪，俗姓郝，金末元初人，生于直隶顺德府(今河北省邢台市)，出家后云游天下，至棋盘山，见地势非常，逐在此掏挖泉源，修造庙宇，塑造毗卢遮那，文殊，普贤诸菩萨金身，并置办香火田产，其寺院一时"竹

邢台玉泉寺殿前香炉

阁清泉，松径花坞"，一派人间桃源，仙家圣地之象。一切成就，智洪却忽染微恙，西朝佛祖，其灵骨葬于双泉河。

元代，邢台玉泉寺是皇家寺院，地位崇高，香火极盛，信众遍及燕京，鼎盛时，顺德府僧侣皆隶属玉泉寺。其时虽屡有干戈征伐，各家寺院均难幸免，唯玉泉能避兵锋。但后来，寺中僧人渐生骄奢，不尊教义，致使门庭败落、香火稀疏，其间虽几有高僧力挽，终因后继无人，每况愈下。清朝道光年间，殊钦、殊斅二任住持更是"不尊佛法，不守清净，淫污佛地，秽渎空门"，他们担任住持的三十年间（1821—1850），"将香火地尽行当出，至寺内空乏，礼佛无人，禅林坍塌，院亭倾圮，观者莫

邢台玉泉寺三宝殿

玉泉寺

"寒泉冷月"匾额

不叹息"。竟致使后任愤而刻碑对其进行"鉴戒"，可知秽乱之甚。僧人建功德，后人立碑为其颂名者常有，但如此立碑为"鉴戒"者，自古至今，佛门难见。及至清朝，势道衰落，更屡遭兵火战乱之扰，玉泉寺已成凋零之状。解放后极左思潮当道时期，寺中建筑、佛像曾遭到破坏。僧人或参军或还俗，全都散尽，寺舍也移作它用，香烟散尽。1994年，邢台玉泉寺重建，并进行了建国后的第一次维修，但也仅是清理了残砖破瓦，不改昔日凄凉。2002年仅有两名行者在此看家护院，生活亦成问题。其年底，时为河北省佛教协会会长的净慧大和尚只身来此。

在国家各级政府的支持下，对玉泉寺进行了大规模修葺、重建，修缮了大雄宝殿（三宝殿）、大佛殿（观音殿）、新塑佛祖金身12尊，其中的观音菩萨金身高2.5米，用黄梨花木独木雕成，工艺精湛极具价值。新建各种殿堂僧舍近百间，总面积达3000多平方米，新砌围墙、护坡，硬化平整道路，种植花草树木，使邢台玉泉寺重具规模，再现佛光，可初步满足各种佛家法事的需求。并计划重建寺院山门，治理玉泉池，恢复钟鼓楼及玉泉牌坊。寺中现有僧侣近二十人，邢台玉泉寺已重新焕发出勃勃生机。邢台玉泉寺现为省级文物

邢台玉泉寺丈室

玉泉寺

重点保护单位。

（三）人文景观

邢台玉泉寺在我国北方佛教寺院中，规模不算大，但名气很大，人文、自然景观多。

寺院的殿堂正殿，配殿为砖木结构，宏伟壮观，雕梁画栋，其所具有的元代风格，为近代罕见。玉泉寺院中，原有三棵千年古柏，人称"江山无恙柏三棵"因战乱现存两棵，一曰"茶柏"，此柏叶可沏茶，甚为神奇，为我国唯一的一棵。所以任你游遍全国，不到邢台玉泉你就见不到。二曰"鸟柏"，此柏树龄1200多年，高20余米，苍劲挺拔，枝丫繁茂，一年四季郁郁葱葱，古柏树冠极盛，大致可分七层，其势如烟如云，异常翠绿。由于鸟柏位居深山古刹和玉泉环绕之中，常栖息有珍贵禽鸟，加上树冠庞大，经常迎风自吟，鸟鸣树吟相交，酷似百鸟鸣唱。此柏树种优异，加之土壤肥沃，所以树纹形状异于寻常，民间传说，此树"每落一鸟，便增加一鸟形花纹，久而久之，柏纹如落鸟之众，落鸟似柏纹之美"。又传说，很早以前，从南方来了个盗宝人，认出鸟纹是稀世珍宝，就利用夜色掩护，劈开树干，盗走鸟纹，使树干上留下一丈多长，三尺多宽的伤痕，至

殿前古木

邢台玉泉寺玉泉池已有 500 年的历史

今犹在。其实古柏的伤痕为雷击所致，美丽的鸟纹依然存在。

鸟柏南侧有古泉，名为"玉泉池"。池中石沙如玉，泉水清澈见底，游鱼翩翩自在，泉池为明朝邢台县令陈大宾所建，距今已有五百多年。池面五亩有余，池中碧波荡漾，凉亭耸立，池岸垂柳成行。池南有石牌坊，古色古香，石柱、石梁、石瓦楼均为银灰色石料雕成。牌坊中跨之上书有"玉泉池"三个草书大字，雄浑有力，为当时邢台知县朱浩所题。池中凉亭，精

玉泉寺

美别致，掩映在红花、碧水、绿柳之中，别有雅趣。玉泉池的更神奇之处在于"流不干"和"灌不满"：邢台位于华北平原西部，属石灰岩地质，极度缺水，往往一旱数载，周边泉眼、井水尽枯，玉泉池依然昼夜翻华如玉，泉水竞涌。日出水量在7000—10000吨以上，千百年不绝。泉水流进村里，形成"家家有泉，户户叮咚"的皇寺村一景，泉水经村中流至村东，有土坑，直径不过三尺，深只二尺有余，可泉水千百年流入，总不见满，此即"流不干"与"灌不满"，让人惊奇。以上"皇寺""鸟柏""玉泉池"并称"玉泉三绝"。每当夕阳西下，落日的余晖将古刹的屋脊飞檐、柏树的树冠丫杈、玉泉池

邢台玉泉寺玉泉池

邢台玉泉寺

邢台玉泉寺三宝殿

的凉台牌碑以及四周的山林石崖涂抹上一层金黄的色彩，景观幽静、壮丽令人神往。这就是邢台八景之一的"玉泉夕照"。

邢台玉泉寺有许多古碑，古碑中记载了一些重大事件，对研究玉泉寺的发展历史和教派源流提供了重要依据。现存古碑中年代最久的是刻于金代大定十六年（1176）的二通《佛顶尊胜陀罗尼经幢》，既是据此经幢所载，得以确定邢台玉泉寺的开山师祖是智洪禅师。碑刻历来为寺院一景，但对于邢台玉泉寺来说，这些古碑具有更重要的意义：20世纪40年代至90

邢台玉泉寺内景

邢台玉泉寺一景

邢台玉泉寺

年代，邢台玉泉寺僧侣散净，寺院承传中断 50 年，如果不是这些古碑的重现，光寺院的宗派源流就将是千古之谜。这些古碑的传存，也实为万幸。邢台玉泉寺现存古碑中，有一通刻于清咸丰九年（1859）的《鉴戒碑》，内容十分特别：立碑者为时任住持的殊教禅师，殊教禅师在碑中谴责了前任住持的"不尊佛法，不守清净，淫污佛地，秽渎空门，将香火地尽行当出"的行为，并警告后人："自此以后，寺中地亩永不许僧人当卖，亦不许外

玉泉夕照

玉泉寺

人私当私买，如有偷当偷买者，人神共诛，永为鉴戒！"僧人为寺院作出贡献，后人立碑彰其功德，此法门常事，但如此因"不尊佛法，不守清净，淫污佛地，秽渎空门"之行遭同门刻碑"鉴戒"者，为禅林难见。古碑为邢台玉泉寺的宗脉源流的考证提供了重要依据。邢台玉泉寺近代曾数十年无僧，寺院的脉系图谱荡然无存，幸古碑尤在，方令今人略知大概。昔多以为邢台玉泉寺为临济宗道场，直到近年才据古碑记载和史书佐证，断证邢台玉泉寺为禅宗门下的曹洞宗。

（四）高僧与教派

过去人们以为邢台玉泉寺的宗派是临济

曹洞祖庭

宗，后经考证，认定邢台玉泉寺是曹洞宗的道场。曹洞宗为汉传佛教大乘教南宗的五家之一。创始人是良价，本寂。

良价

晚唐人（807—869），生于会稽诸暨（今浙江诸暨），俗姓俞，后人呼其为悟本大师或慧觉大师。良价少年即出家，青年时期到嵩山受戒，之后遍游禅林，先后求法于普愿（748—835）、灵佑（771—

853），后师从昙晟（782—841），并受心印。昙晟圆寂后，良价再次云游天下，唐大中十三年（859），来到宜丰洞山（今江西宜丰），过洞水时，目睹水中倒影而彻悟，于是终止云游，住锡洞山，建寺院，宣讲禅法，从者极众，遂成一代宗师。二祖本寂（840—901），晚唐高僧，俗姓黄，名宗精，祖籍福建涵江，本寂有一个同胞兄弟乃江口镇慈寿寺的开山祖师，二人合称"黄家兄弟禅师"，本寂19岁时，父母去世，他不愿仕途进取，弃儒学佛，往福唐（今福清市）灵石山翠石院，拜元修和尚为受业师出家，法名身章，号本寂。本寂于咸通五年（864）受戒后，

洞山是中国佛教曹洞宗的祖庭

邢台玉泉寺

云游天下，至洞山参谒良价，相逢问答，颇相契合，遂留洞山参禅，深得良价器重，成为座下首席弟子。

本寂在洞山盘桓数载，得到了良价心传洞山宗旨。良价去世后，本寂前往江西曹山弘禅接化，前后三十多年，其禅法大兴，学者荟萃，门人不计其数，弟子杰出者十四。使良价洞上宗风大振，形成一新兴的宗派。后世合取其师徒二人住以传禅的二山之名称为"曹洞宗"（其不言"洞曹"而称"曹洞"唯语顺而已）。曹山法系传了四世便断绝。良价所传另一法嗣道应（835—902）则绵延趋盛，至传到天童

良戒大师圆寂后，在洞山后山建造了"慧觉宝塔"

玉泉寺

正觉（1091—1157）时，曹洞宗再度广传天下，此期间国内许多著名禅院都由曹洞宗法嗣所立，现在的最为知名者，为河南的少林寺。邢台玉泉寺也在这一时期开创，开山祖师智洪禅师为曹洞宗第16世。明代万历十二年（1584）邢台玉泉寺僧本访禅师还亲往少林寺，请少林方丈无言正道续演玉泉寺宗派偈20字，无言正道为"少林禅寺传曹洞正宗主持第二十六世"。佛家宗派之间关系分明，而"宗派源流偈"事关本宗之脉源流传，干系极大，除非本宗宗主传人，绝不会让他人续撰，因此，邢台玉泉寺为"曹洞宗"法嗣无疑。

洞山禅院一景

玉泉寺

禅堂里的香板

曹洞宗于公元 9 世纪传到新罗，即须弥山派。公元 13 世纪传到日本，到 20 世纪 80 年代其日本信徒达 1000 多万，可见影响之大。

佛教修禅，历来以"悟"为要，以人慧根不同而各有差异，于是便出现了众多法门。曹洞宗初祖良价便是在涉足洞山时，看到水中自己的倒影而突然"大悟彻悟"，得到了新禅法。良价曾作偈云："切忌从他觅，迢迢与我疏。渠今正是我，我今不是渠。我今独自往，处处得逢渠。须应凭么会，方得契如如。"良价认为佛在心中，心即是佛，无

江西宜丰洞山禅林古迹——良介禅师塔

需四处求佛，得道要靠顿悟。除此外，良价还立"五位君臣说"为曹洞宗宗要。五位分别为："正中偏，偏中正，正中来，偏中至，兼中到"是也。这是指把万法根源归为佛性，佛是世界最后的精神本体，即"正位"，"君位"。而大千世界的千万事物，只不过是这个本体所显现出来的现象而已，即"偏位"，"臣位"。

曹洞宗在禅法修持的形式上，有两种：一种是静坐，又叫"打坐""坐禅"，修行者盘腿而坐，双手合十，或静思不语，或默念佛祖，以各人的慧性自己去悟，此已成为佛家代表性动作，广为人知。二是"敲唱为用"，师徒之间一敲一唱（一问一答），在敲唱中令弟子觉悟禅法，清净本性。"君臣五位"也可理解为曹洞宗对禅修者五种境界的定位："正中偏"指参禅者虽隐约感受到了本体（佛）的存在，但没有融入本体，仍然留在偏位上。"兼中正"此境位的参禅者，已能逐渐透过大千事相（偏）看到了本体，但还不知道如何透过事相，探求本体。"正中来"此时的禅者，已开始彻悟本性，接近佛理了。"兼中至"已走在通往修行最高境界的路上，虽未达到，已在途中。"兼中到"兼带前面四个阶位，是修行的最高境界。此境位的参禅者，已经大彻大悟，与佛无别。

曹洞宗源远流长，信众极广，不能不说与其修禅方法严谨细密、简便易行、易为教众接纳有关系，在禅宗诸派里，曹洞宗的修学体系一直以细密著称。而其以打坐为主的修禅方式，已为广大教众认可，以致现代日本曹洞宗传人就说："只管打坐。"

曹洞宗现已传至第49世。邢台玉泉寺属曹洞宗道场现已确认无疑。但之前曾有人认为邢台玉泉寺是临济宗，何以如此？概因明朝万历年间，邢台玉泉寺僧本访和尚请少

曹洞宗天下闻名，弟子遍及世界各地

邢台玉泉寺

林住持无言正道续演玉泉寺宗派偈20字，无言正道在钦派少林住持前，为临济派传人，佛教宗派偈只有本宗之人才能续撰，加之此时期邢台玉泉寺碑刻中有"临济派"字样，才有此误。要知道少林历来为曹洞宗寺院，无言正道虽是临济派传人，但其被钦指为少林住持后，就成为曹洞宗传人，少林不会因钦派方丈来自临济宗而改宗换派的。邢台玉泉寺的碑刻，应为笔误所致。佛教的寺院与僧人有所不同，寺院传承较严，不会随意改换门庭，而僧人则可改奉宗主，甚至自立门派。

至于临济宗，也是禅宗的五大门派之

少林历来为曹洞宗寺院

玉泉寺

正定临济寺是临济宗寺院

一，与曹洞宗同样起源于江西宜丰。其初祖为希运（？—857）。希运禅师于唐开成年间（836—840）到宜丰黄檗山禅林设立道场，宣讲自己所悟的禅宗新法，从者众。徒义玄（？—867）从希运学禅33年，后往镇州（今河北正定）建临济院宣讲其师所倡新法。希运禅宗新法因玄义在临济院举一家宗风而大张天下，故后世称为"临济宗"。宋代临济宗传入日本，今有门徒500万之众，朝鲜，越南及东南亚诸国皆不乏临济信众。

临济宗主旨是"无心说"，此"无心说"与曹洞宗的"无心合道说"大同。"无心者，

正定临济寺一景

无一切之心也"。希运说"但能无心，便是究竟"。也和曹洞宗一样，力倡"心即是佛"，主张"心即是法，法即是心""以心印心，心心不异"，故后世有"心心相印"之语。

临济宗修禅方法与曹洞宗不同，临济宗不主张读佛经，而主张"读公案"（公案即禅祖行止记述及语录），不主张苦苦修行，打坐静思，而主张顿悟。希运接引信徒的方式也颇为奇异：凡向其问法之人，进门前必遭当头一棒，领悟者，方纳为弟子。玄义曾三问希运，三遭棒打，不解其意，只得离开。后有高僧指点，方得省悟，

重返黄檗，终为座下。后玄义在临济院也沿用此法，同时大喝一声，"当头棒喝"的典故由此而来。如此可见，曹洞宗与临济宗同祖异支，虽有小异，余则大同。

邢台玉泉寺现任住持是曹洞宗第 48 世传人净慧大和尚，净慧大和尚一岁半即被父母送入空门，一生向佛，一世参禅，于佛法上有很高造诣，在宗教界有崇高威望，净慧禅师一直致力佛教的中兴、传播，先后参与、主持了重修当阳玉泉寺和邢台玉泉寺的工作，并起到了极大作用。净慧法师对参禅有精辟的见解，他在传法时曾指出："禅的方法无非是要我们解脱生命的迷惑与痛苦，然

后达到生命的觉醒，禅的方法可以千奇百怪，法门无量，禅的方法也无量。"参禅不必拘于某种形式，社会进步了，禅法也要进步，也要适应现代社会，禅如何适应现代社会也就是佛教如何适应现代社会的问题。佛教适应现代社会不仅仅是一个知识的问题，不仅仅是讲几句佛法，让大家知道佛教是怎么回事，最重要的是让现代人了解怎样进入修行，怎样改变自己，怎样在佛教中找到安身立命的地方。现代人即使有一个人需要佛法，佛法也有责任教化他、引导他，这就是化现代。化现代不是改造现代社会，而是让佛法更好地融于社会，更好地服务于社会。净慧提出

正定临济寺

邢台玉泉寺

禅院前的石刻

正定临济寺

玉泉寺

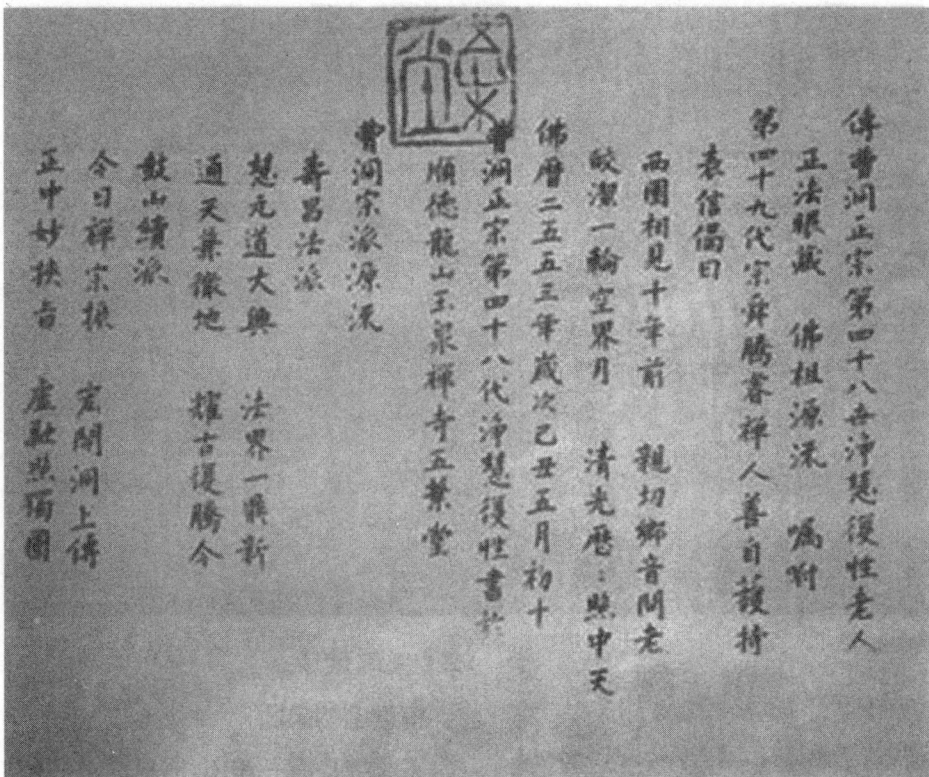

邢台玉泉寺传法大典上净慧禅师手中的法卷

了"生活禅法","在生活中修行,在修行中生活"。并总结出生活禅法四句口诀:"将信仰落实于生活,将修行落实于当下,将佛法落实于世间,将个人融化于大众。"通俗,易懂,好记。净慧禅师在传法时还指出:不管是信佛还是不信佛的人,都要面对四件事:信仰,因果,良心,道德。没有信仰的人,起码要有良心、有道德,有信仰的人,四个都要有。呼吁佛教各宗各派都行动起来,使佛教充分发挥保证社会良心的作用。大师这些观点,做法,得到佛界各派的认可。

棋盘山一景

棋盘山的来历

玉泉寺后有一座山，叫棋盘山，据说是张果老下棋用的棋盘。它怎么会在这儿呢？这有一个传说。据说从前有一天，上洞八仙里的张果老路过此处走累了，停下来歇脚。玉泉寺里有个老和尚见张果老来了，上前招呼，张果老正闲得慌，见来了个和尚，就拿出棋盘与和尚下棋。棋盘摆好，老和尚让小沙弥上茶，可张果老说：不上，只摆。上和摆都是一回事，不让上却只能摆，这不是难为人吗？老和尚心知其意，也不说话，起身回到寺里，从柏树上摘了几片树叶，泡成一壶茶，拿来对张果老说：

此乃柏（摆）茶。张果老一看，柏叶泡的，怎么不是摆（柏）茶。张果老没有难住老和尚，只好下棋。他拿起棋子刚要往棋盘上放，老和尚说：不下，只摆。下棋又叫摆棋。不能下，只能摆，这怎么办呢？张果老想了半天也没想出来，他茶也不喝了，棋盘也不要了，骑上他的毛驴走了。棋盘就这样留在玉泉寺后面了，时间一长，棋盘化为一座山。这就是现在的棋盘山。

张果老画像

鸟柏的传说

玉泉寺中有一棵柏树，树干上有许多美丽的花纹，人称"鸟柏"。原来这树并没有花纹，后来有一只凤凰落在树上，引来百鸟朝凤，此后树就有了花纹，树上每

玉泉寺一景

邢台玉泉寺

105

净慧长老在邢台玉泉禅寺传法

落一只鸟，就留下一个鸟纹，越来越多。有一天，从南方来了个商人，一看到此树，就知道这是难得的宝贝，只要弄到手，就会发大财。于是他向玉泉寺的和尚买这棵树，可不管他出多少钱，和尚就是不卖，商人就起了歪心，到了夜里，他带了刀子、斧子、锯子，偷偷来到寺里，又砍、又挖、又锯，才把鸟纹弄下来，有一丈多高，三尺多宽，好大一块，这时，天快亮了，他怕被人发现，见寺后山上有一棵孤立的柏树，就把鸟纹搬到树前埋起来，想等第二天夜里再运走。可谁知第二天夜里，他来

玉泉寺

棋盘山景区

棋盘山风光

邢台玉泉寺

到山上一看，漫山遍野都是柏树，再也找不到埋鸟纹的地方了，商人只好灰溜溜地走了。至今鸟柏树干上还有一个巨大的伤痕，就是那时留下来的。而鸟纹呢？说也奇怪，又回到树干上了。

流不干与灌不满

传说玉泉寺原来没有泉。据说是因为唐僧师徒去西天取经的途中，为救祭赛国金光寺的和尚，打死了碧波潭的万圣老龙，那万圣老龙和北海龙王是亲戚，万圣老龙死了，北海龙王心里能高兴吗？可北海龙王又不敢和孙悟空作对，就想找别的和尚麻烦，出出心中的恶气。他选中了与唐僧

北海龙王像

玉泉寺

师徒没什么关系的玉泉寺，要发大水把它淹了。玉泉寺离着北海几千里，从地上发水，水过不来，北海龙王又不敢从天上降水，从天上降水那叫下雨，要有玉帝的令牌才行，无牌降水那是杀头之罪。于是北海龙王就在玉泉寺中开了个口子，从地下往上冒水，玉泉寺眼看就要被淹了，这时，观音菩萨来了，问北海龙王为何如此？北海龙王说：万圣老龙虽然罪有应得，但他是我的亲戚，也是龙族，兔死狐悲，我不能不报此仇。北海龙王执意要淹玉泉寺。观音菩萨见北海龙王不听劝阻，也不多说，把手中的玉瓶往地上一扔，玉瓶落在地上砸出一个直径三尺、深二尺的

邢台玉泉池常年不干

邢台玉泉寺五叶堂

坑，玉瓶就在下面，从玉泉寺流出的水，一进小坑就不见了。北海龙王哪能服气，就一直出水，小坑也一直吸水。玉泉池底下连着北海，你想北海能流完吗？所以不管天多旱，玉泉池的水永远流不干，而小坑呢？下面有观音菩萨的玉瓶，玉瓶能盛四海之水，一个北海能将它灌满吗？所以一个流不干，一个灌不满，这是北海龙王和观音菩萨斗法呢，一直斗到现在。

玉泉寺

三　泰山玉泉寺

泰山玉泉寺

泰山玉泉寺名称繁多，因南有谷山，故又名谷山寺，亦名谷山玉泉寺，俗称佛爷寺。它位于岱顶北，直线距离 6.3 公里，山径盘旋 20 余公里。南北朝时由北魏高僧意师创建，后屡废屡建。

说起寺庙之缘起，有这样一则传说。北魏时期，聚居在谷山下的猎户上山打猎时，发现一尊居于山崖上的罗汉塑像。由于捕猎一无所获，猎人怒而积干柴烧之，罗汉遂升高处，猎人愕然悔谢。当夜山下老少都同做一梦，说有圣僧"意"久隐莲花峰，现有猎人加害。天亮有老者率十几人上山寻找，在一深涧中找到那尊罗汉，随即抬下山来。当抬至玉泉寺时，突重不可动。老者以为此处峰掩岭抱，曲水流畅，乃风水宝地，是圣僧点化在此建寺，于是百姓自发地建起了寺院。因寺面对谷山，所以取名谷山寺，而老百姓至今仍叫佛爷寺，寺前的山谷也因发现罗汉而被称作佛峪。

日月如梭，转眼间千年过去了，玉泉寺几经兴衰。到了金代，一位法号善宁的高僧发现了这块宝地，历尽辛苦光复寺院，后经智崇等高僧住持，使禅寺达到了较为

鼎盛的时期。这时寺东的玉泉可灌可饮，禅寺也便有了谷山玉泉寺的名字。1209 年，金大安元年，智崇住持从尚书礼部求来两份牒文，经章宗皇帝应准赐额"玉泉禅寺"。后经明、清两代重修，至清末有僧众百余人，成为泰山规模最大、声望最高的寺院。清末以后，战乱频繁，寺庙逐渐荒废，后于 1993 年重建。

寺中大雄宝殿建于层层高台之上，抬头方瞻。殿内祀释迦牟尼和十八罗汉泥塑像。寺院内有唐植银杏三株，参天蔽日。树下有元代杜仁杰撰、严忠范书《重修谷山寺记》碑及明代《田园记》碑。环望院内，大殿高

泰山玉泉寺

一亩松

耸，古树挺拔，碑碣肃立，一派古刹风貌。

寺后山冈有一古松，树冠如棚，蔽荫山冈，名一亩松。寺东苹果园内石砌地堰下有一处古泉，是为玉泉，玉泉俗称八角琉璃井，常年泉水不断，大旱不涸，水质纯净，清冽甘甜。"玉泉"二字是金代大学士党怀英所书。寺西山腰有党怀英撰书并篆额《谷山寺记》碑。此碑立于金泰和元年（公元1201年）。碑高205厘米，宽76厘米，方座圆首。碑阳文18行，满行51字，凡837字，字径2.6厘米，隶书。额篆"谷山寺记"2行4字，字径13厘米。碑阴题名44行，满行90字，计题名千余人。碑

泰山玉泉寺大雄宝殿

阴额"玉泉禅寺勤绩檀那铭"3行9字，亦党怀英篆书。

这里提到的党怀英，字世杰，号竹溪、谥号文献。金代著名文学家、书法家。祖籍冯翊（今陕西大荔），其父纯睦为泰安军录事参军，因家奉符（今山东泰安市），遂为奉符人。

党怀英为宋初名将党进的十一代孙。少年时与大词人辛弃疾共同师事亳州刘瞻（字岩老），同门读书。金人南下，山东沦陷，辛弃疾率众起义，归宋抗金，而党怀英则留而事金，从此分道扬镳。在金"应举不得志，遂脱略世务，放浪山水间，箪瓢屡空，晏如

泰山玉泉寺

"东佛脚"石刻

也"（《金史》本传）。大定十年（1170）中进士，调莒州军事判官，累除汝阴县尹、国史院编修官，应奉翰林文字，官至翰林学士承旨，故世称"党承旨"。党怀英工诗善文，兼工篆籀，"当时称为第一，学者宗之"。金章宗明昌年间，怀英为一时文坛盟主，其书法被称为独步金代，可见这"玉泉"二字与《谷山寺记》碑文，足为书法奇珍了。

寺两侧山冈上因有天然大脚印嵌在石内，故俗称东、西佛脚山。寺南为佛谷，谷南是恩谷岭，又南是谷山。谷山屹耸特异，

紫藤密林

寺南群山

泰山玉泉寺

"玉泉"二字为金代大学士党怀英所书

玉泉山景色

玉泉寺

山中青石路

绝顶孤松挺秀，俗名定南针。山顶西北部有两个金矿洞。传为元初长春真人丘处机炼丹处。谷山之南有一地名叫卖饭棚子，旧时济南、历城、章丘、淄博等地的进香者沿此路登岱顶、僧人和山民在此行善舍饭或卖饭。

在寺两侧的山冈上均有天然石大脚印，俗称东、西佛脚山。东佛脚有脚印五六个，陷岩石二三厘米，酷似弓步进行时留下的足迹。西佛脚位于大雄宝殿约百米远的悬崖顶部石坪上，不足一平方米的石坪印有一双足迹，陷岩石一二厘米，酷似蹲马步所留。东西佛脚印究竟是人力所至，还是自然形成，我们无从考证，给今人平添了许多想象和猜测的空间。

玉泉寺大雄宝殿一景

寺院内古木

　　谷山玉泉寺建在群山环抱之中，密林掩映之下，高崖飞涧之上，人迹罕至之地，正所谓清幽古远，与泰山摩肩接踵之人流，显贵宏伟之风貌，可谓大相径庭。但此中风味，亦可谓于喧嚣中得一恬淡耳。

玉泉寺